Das Krippen-Jahreszeitenbuch

Bewegungsspiele & Mitmachideen

Bildnachweis

Freepik.com
S. 51: photographeeasia

GettyImages.de
S. 1: dvoriankin | S. 5: twomeows | S. 9: Nataba | S. 12: Monir Hossain | S. 14: skaman306 | S. 15: Pley | S. 18: Teresa Kopec | S. 37: PeopleImages | S. 45: Adam Smigielski | S. 50: sandra standbridge | S. 55: bjmc | S. 61: bortescristian | S. 69: Mladen_Kostic | S. 72: Silvia Bianchini | S. 79: CreativeNature_nl

Impressum

ISBN: 978-3-96046-270-5

Das Krippen-Jahreszeitenbuch
Bewegungsspiele & Mitmachideen

Redaktion	Sarah Baudisch
Autorinnen	Marion Bischoff, Anna Neef
Umschlagillustration	Anke Dammann
Gestaltung und Satz	DOPPELPUNKT, Stuttgart
Druck	Grafik Media Produktionsmanagement, Köln

Klett Kita GmbH
Rotebühlstr. 77
70178 Stuttgart
www.klett-kita.de

Inhalt

Frühling

Sommer

Herbst

Winter

Liebe Leser:innen,

in den ersten Lebensjahren eines jeden Kindes sind Bewegung und die aktive Teilnahme am Geschehen von entscheidender Bedeutung für eine ganzheitliche Entwicklung. Diese Zeit ist geprägt von Neugierde und der Freude am Entdecken der Welt.

Bewegung ist nicht nur ein natürlicher Ausdruck der kindlichen Energie, sondern auch ein Schlüssel zur Entwicklung der motorischen Fähigkeiten, des Gleichgewichts und der Koordination. In Bewegung erkunden Kinder ihre Umgebung, gewinnen Selbstvertrauen und lernen, sich in der Welt zurechtzufinden. Gleichzeitig fördern gemeinsame Aktivitäten die soziale Interaktion, das Verständnis für Regeln und das Zusammengehörigkeitsgefühl innerhalb der Gruppe.

Begeben Sie sich mit diesem Buch auf eine bewegungsreiche und aktive Reise durch die vier Jahreszeiten: Veranstalten Sie im Frühling ein großes Fest im Vogelnest und gehen Sie gemeinsam mit den Kindern im Sommer auf eine kleine Reise mit dem Boot. Im Herbst begleiten Sie die Bäuerin Lise bei der Apfelernte und im Winter balancieren Sie zusammen mit den Kindern durch ein Tannenlabyrinth.

Wir wünschen Ihnen und Ihren Kindern viel Freude an der Bewegung!

Ihr Jahreszeitenbuch-Team

Station 1: Hase
Hoppeln und die Nase bewegen.

Station 2: Pferd
Galoppieren und wiehern.

Station 3: Fisch
Pantomimisch schwimmen und mit dem Mund „Blubb, blubb" andeuten.

Station 4: Ente
Flattern und watscheln, danach quaken.

Station 5: Katze
Leise auf Zehenspitzen schleichen und einen Katzenbuckel machen.

Station 6: Elefant
Langsam stampfen und mit den Armen einen Rüssel andeuten.

Station 7: Kranich
Die Arme ausbreiten und durch den Raum „schweben".

Station 8: Frosch
Weit hüpfen und „Quak" rufen.

Station 9: Schnecke
Über den Boden kriechen.

Station 10: Schmetterling
Mit den Armen flattern und im Zickzack laufen.

Idee: Anna Neef

Sonnenschein und Regenwetter

Reaktionsspiel

Alter: ab 2 Jahren
Dauer: 15 Minuten

Material
1 Regenmacher (oder 1 Trommel), 1 Bodenmatte

Heute kann es regnen …

Legen Sie eine Bodenmatte in die Mitte des Raumes und laden Sie die Kinder dazu ein, sich zu Ihnen zu setzen. Erzählen Sie, dass es heute bei Ihnen im Raum sehr viel regnet, dass aber auch oft die Sonne scheint und die beiden sich gern abwechseln. Wenn Sie den Regenmacher anspielen oder mit dem Finger auf die Trommel klopfen, beginnt der Regen. Das bedeutet, alle Kinder dürfen in den Regen hinaus und sich so lange im Raum bewegen, bis der Regenmacher aufhört. Dann wird es still und die Sonne kommt heraus. Jetzt legen sich alle Kinder auf die Matte in der Mitte. Sobald Sie erneut den Regenmacher spielen, bewegen sich die Kinder wieder frei im Raum. Wechseln Sie immer wieder zwischen den beiden Varianten.

TIPP: Sie können auch mit zwei Bildkarten (Sonne und Regentropfen) arbeiten, die Sie zusätzlich hochhalten oder so auslegen, dass die Kinder sie gut erkennen können.

Idee: Anna Neef

Fünf flinke Finger

Fingergymnastik

Alter: ab 1 Jahr
Dauer: 10 Minuten

Fünf flinke Finger wollen heute Streiche machen,
Eine Hand spreizen und leicht hin- und herbewegen.
die Ohren spitzen, zuhören und mitmachen bei all den Sachen!
Mit der Hand auf das Ohr zeigen und mit der anderen Hand winken.
Fünf flinke Finger sind nun bereit,
Eine Hand spreizen und mit den Fingern wackeln.
jetzt kann es losgehen mit dem Streich!
Mit der anderen Hand den lachenden Mund verstecken.

Zwei flinke Daumen wollen wie eine Mühle laufen,
Beide Daumen umeinanderdrehen.
zwei flinke Zeigefinger wollen sich heute raufen.
Beide Zeigefinger aneinandertippen.
Zwei Mittelfinger wollen einen Berg erklimmen und dabei laut schnaufen.
Mit den beiden Mittelfingerspitzen einen Berggipfel andeuten.
Zwei Ringfinger wollen nur trippeln und kribbeln.
Die Ringfinger über den Oberschenkel trippeln lassen.
Zwei freche, kleine Finger kommen schnell und kitzeln.
Sich mit den kleinen Fingern an Wangen und Hals kitzeln.

Idee: Anna Neef

Das große Fest im Vogelnest

Musikstoppspiel

Alter: ab 2 Jahren
Dauer: 20 Minuten

Material
fröhliche Kindermusik,
1 Bodenmatte

Bereit für das große Vogelfest?
Bereiten Sie passende Musik vor und legen Sie eine Bodenmatte oder einen kleinen Teppich in die Raummitte. Treffen Sie sich dann mit den Kindern in einem Sitzkreis und laden Sie sie zum großen Vogelfest ein. Wissen die Kinder, wie sich Vögel bewegen? Wie sie beim Fliegen mit ihren Flügeln schlagen? Welche Laute sie von sich geben?

Alle Vögel sind schon da
Nun verwandeln sich alle Kinder in Vögel: Wenn die Musik erklingt, dürfen sie durch den Raum tanzen und flattern. Wenn Sie die Musik stoppen, kehren alle Vögelchen zurück ins Vogelnest auf der Bodenmatte und ruhen sich aus. In der nächsten Runde können Sie verschiedene Bewegungsarten vorgeben:

- Flattern
- Fliegen
- Piepsen
- Hüpfen
- Schnattern
- Kreisen
- Tanzen
- Klappern (wie ein Storch)
- …

Idee: Anna Neef

Der sanfte Frühlingswind

Rhythmusspiel

Alter: ab 2 Jahren
Dauer: 20 Minuten

Material
1 pastellfarbenes Chiffontuch und 1 Sitzkissen (für jedes Kind), 1 Körbchen, Ballettmusik (z. B. „The Spring, Op. 4, Part 1" von Alexander Glazunov)

Unsere kleine Frühlingsmusik

Bereiten Sie im Raum die Musik und einen kleinen Kreis mit Sitzkissen vor. Legen Sie für jedes Kind ein Chiffontuch in das Körbchen und platzieren Sie dieses so, dass die Kinder es nicht sehen können. Laden Sie die Kinder dazu ein, es sich auf den Sitzkissen bequem zu machen und der Musik zu lauschen. Wer mag, kann dabei die Augen schließen.

Wenn der Frühlingswind kommt

Erzählen Sie, dass heute ein sanfter Frühlingswind zu Besuch kommt und die Kinder begrüßen möchte. Zeigen Sie ein Chiffontuch und stehen Sie auf, um einmal im Kreis herumzugehen. Bei jedem Kind halten Sie kurz an, um mit dem Tuch einen leichten Wind zu erzeugen, den das Kind spüren kann. Nehmen Sie dann den Korb mit den Chiffontüchern und verteilen Sie diese an die Kinder. Jedes Kind darf nun sitzend mit seinem Chiffontuch den Frühlingswind nachahmen. Sobald alle bereit sind, stehen die Kinder auf und bewegen sich frei zur Musik durch den Raum – dabei schwingen sie ihre Chiffontücher zum musikalischen Frühlingswind in beliebigen Formen und in beliebige Richtungen.

Wirbel, wirbel, kleiner Wind

Bringen Sie nun etwas Abwechslung in die Bewegungen: Machen Sie den Kindern mit dem Chiffontuch beispielsweise schaukelnde Bewegungen vor und lassen Sie sie diese nachahmen. Oder Sie wirbeln das Chiffontuch nach unten hängend im Kreis herum. Zurück im Sitzkreis dürfen die Kinder ihre Köpfe unter ihren Tüchern verstecken und dann pusten, sodass sich die Tücher leicht bewegen. Dann wirft jedes Kind sein Chiffontuch ganz weit nach oben und lässt es wieder auf den Boden schweben. Zum Schluss werden alle Tücher wieder in den Korb gelegt.

Idee: Anna Neef

Die Baustelle im Sandkasten

Bewegungsrallye

Alter: ab 2 Jahren
Dauer: 20 Minuten

Station 1: Startlinie
Material: Straßenmalkreide

Malen Sie mit der Kreide eine Startlinie auf den Boden. Von hier aus dürfen alle Kinder nacheinander zur zweiten Station laufen.

Station 2: Slalomfahrt
Material: 4 Verkehrshütchen, 1 Sandkastenbagger (für jedes Kind)

Stellen Sie die Verkehrshütchen mit genügend Abstand zueinander so auf, dass die Kinder gut mit ihren Sandkastenfahrzeugen im Slalom hindurchfahren können. Jedes Kind sucht sich ein Fahrzeug aus, das es um die Verkehrshütchen fahren lässt.

Station 3: Abfahrt auf der schiefen Ebene

Material: 1 Holzbrett, 1 Eimer

Konstruieren Sie mit dem Holzbrett und dem Eimer eine kleine schiefe Ebene vor dem Sandkasten, sodass die Fahrzeuge nach der Abfahrt direkt im Sand landen. Die Kinder lassen dann, eines nach dem anderen, ihre Fahrzeuge über die Ebene fahren und im Sandkasten ankommen.

Station 4: Baggern und Buddeln

Material: 1 Sandschaufel (für jedes Kind)

Alle Kinder dürfen gleichzeitig im Sandkasten buddeln und baggern. Für diese Station können Sie deutlich mehr Zeit einplanen als für die anderen.

Station 5: Bagger-Waschanlage

Material: mit Wasser gefüllte Gießkannen, Tücher

Halten Sie die Gießkannen und die Tücher zum Abtrocknen bereit. Alle Kinder dürfen ihre Fahrzeuge mit der Gießkanne abwaschen und dann mit den Tüchern abtrocknen.

Idee: Anna Neef

Der hoppelnde Osterhase

Bewegungsgedicht

Alter: ab 2 Jahren
Dauer: 15 Minuten

Der Osterhase wird morgens früh wach.
Gähnen und dabei die Hände vor den Mund halten.
Er wackelt mit den Ohren und wünscht „Guten Tag!"
Mit den Armen die Hasenohren andeuten und wackeln.

Er reckt sich, er streckt sich, er steht auf.
Die Arme abwechselnd nach oben strecken.
Er will auf die Wiese, lieber Hase, lauf lauf!
Mit den Armen zum Fenster zeigen.

Hoppel, hoppel, hopp!
Dreimal im Kreis hoppeln.
Hoppel, hoppel, hopp!
Dreimal langsam im Kreis hoppeln.
Hoppel, hoppel, stopp!
Zweimal hoppeln und bei „stopp" anhalten.

Hoppel, hoppel, hopp!
Dreimal im Kreis hoppeln.
Hoppel, hoppel, hopp!
Dreimal langsam im Kreis hoppeln.
Hoppel, hoppel, stopp!
Zweimal hoppeln und bei „stopp" anhalten.

Oh nein, er darf etwas Wichtiges nicht vergessen!

Den Kopf schütteln.

Die Osternester zu verstecken!

Mit den Händen am Kopf wackeln.

Nun geht das Verstecken los!

Mit dem Kopf nicken.

Hoppel, hoppel, hopp!

Dreimal im Kreis hoppeln.

Hoppel, hoppel, hopp!

Dreimal langsam im Kreis hoppeln.

Hoppel, hoppel, stopp!

Zweimal hoppeln und bei „stopp“ anhalten.

Hoppel, hoppel, hopp!

Dreimal im Kreis hoppeln.

Hoppel, hoppel, hopp!

Dreimal langsam im Kreis hoppeln.

Hoppel, hoppel, stopp!

Zweimal hoppeln und bei „stopp“ anhalten.

Nun sind alle Nester versteckt

Mit beiden Händen ein Nest andeuten.

und auch unser Osterhase ist weg, im Versteck!

Die Hände schnell hinter dem Rücken verstecken.

Idee: Anna Neef

Ein Vogel fliegt im Walzerschritt

Tanzspiel

Alter: ab 2 Jahren
Dauer: 10 Minuten

Material
Walzermusik, 1 Korb,
1 Chiffontuch (für jedes Kind)

Wie man einen Vogel baut

Falten Sie jedes Chiffontuch zwei Mal in der Mitte und knoten Sie die mittige Spitze zu – diese Tücher werden als Vögel eingesetzt. Legen Sie dann alle Tücher so in einen Korb, dass die Knoten nach oben schauen.

Kommt ein Vogel geflogen

Laden Sie die Kinder zum Frühlingstanz in einen Kreis ein und zeigen Sie ihnen den Korb mit den Tüchern. Jedes Kind bekommt ein Tuch und steht damit zunächst im Kreis. Schalten Sie die Musik ein und bewegen Sie Ihr eigenes Tuch passend zur Walzermusik hin und her. Animieren Sie die Kinder dazu, dies ebenfalls auszuprobieren und nachzuahmen. Nachdem die Vögelchen zur Walzermusik getanzt haben, dürfen die Kinder den Kreis verlassen und sich mit ihren Tüchern frei im Raum bewegen – tanzen, hüpfen, springen, schleichen! Zum Schluss legen alle Kinder ihre Vögelchen zurück in den Korb.

Idee: Anna Neef

Die Clowns sind los!

Mitmachspiel

Material
1 Clownshut, 1 Zauberstab, 1 Luftballon, 1 Jonglierball (für jedes Kind), Rhythmikreifen, 1 Stofftier, 1 kleiner Tisch

Alter: ab 2 Jahren
Dauer: 10 Minuten

Willkommen in der Manege!

Stellen Sie alle Utensilien auf einen kleinen Tisch, sodass die Kinder die Gegenstände gut sehen können, und bereiten Sie einen halbkreisförmigen Sitzkreis auf dem Boden vor. Setzen Sie sich den Hut auf, stellen Sie sich den Kindern als Clown vor und begrüßen Sie sie in Ihrem Zirkus. Nun kann das Mitmachspiel beginnen: Nehmen Sie den Zauberstab und laden Sie die Kinder in die Clownsschule ein. Dafür schwenken Sie den Zauberstab und sagen:

Eins, zwei, drei,
los geht die Clownerei!
Seid ihr alle so weit?
Sind die Clowns bereit?

Luftballonakrobatik

Clowns können richtig gut mit Luftballons jonglieren: Nehmen Sie den Luftballon und tippen Sie ihn mit Ihren Fingerspitzen nach oben in die Luft. Nun dürfen die Kinder versuchen, den Ballon ebenfalls mit ihren Fingerspitzen nach oben zu stoßen. Schaffen sie es, ohne dass der Luftballon auf den Boden fällt?

Bälle jonglieren

Auch mit Bällen können Clowns gut jonglieren: Lassen Sie jedes Kind einen Jonglierball vom Tisch nehmen und machen Sie folgende Übung vor: Lassen Sie den Jonglierball von einer Hand in die andere Hand fallen, führen Sie ihn dann hinter Ihren Rücken und holen Sie ihn auf der anderen Seite wieder hervor.

Tierische Sprünge

Zwei Kinder nehmen den Reifen und halten ihn hoch. Nun darf ein drittes Kind das Stofftier durch den Reifen springen lassen. Danach ist ein anderes Kind an der Reihe, bis alle Kinder einmal dran waren. Beenden Sie die Clownsschule wieder mit dem Zauberstab und einem Spruch:

Eins, zwei, drei,
fertig ist die Clownerei!
Ich hoffe, ihr konntet lachen,
und danke für's Mitmachen!

Idee: Anna Neef

Lustiger Eierlauf

Geschicklichkeitsparcours

Alter: ab 2 Jahren
Dauer: 10 Minuten

Station 1: Osternest
Material: 2 Kinderstühle, 2 Osterkörbe, Kunststoffeier, 1 Sandschaufel (für jedes Kind)

Stellen Sie die zwei Kinderstühle in einem Abstand von etwa sechs Metern auf. Ein Stuhl wird als Ziel mit einem leeren Osterkorb hergerichtet, der zweite Stuhl dient mit einem mit Kunststoffeiern gefüllten Osterkorb als Startpunkt. Neben dem Startpunkt werden auch die Sandschaufeln platziert.

Jedes Kind darf eine Sandschaufel nehmen und ein Ei darauf platzieren. Nun werden die Eier nacheinander zum gegenüberstehenden Osternest balanciert und dort abgelegt. Das Spiel wird so lange durchgeführt, bis der Startkorb leer ist.

Station 2: Kullernde Ostereier
Material: 1 Kinderstuhl, 1 dünnes Holzbrett (oder 1 Kunststoffrohr), Kunststoffeier

Stellen Sie einen Kinderstuhl hin und befestigen Sie daran ein zum Boden führendes dünnes Holzbrett (oder ein Kunststoffrohr). Jedes Kind darf ein Ei über das Holzbrett hinunterkullern lassen – wer schafft es, das Ei auch wieder rechtzeitig aufzufangen?

TIPP: Es genügt, wenn Sie *einen* Korb mit Kunststoffeiern für den Parcours vorbereiten. Diesen nehmen Sie dann mit von Station zu Station.

Station 3: Rollende Ostereier

Material: 1 Sitzkissen (für jedes Kind), Kunststoffeier

Legen Sie die Sitzkissen im Kreis aus und geben Sie jedem Kind ein Kunststoffei. Jedes Kind darf nun sein Ei vorsichtig von der Schulter über den Arm in Richtung der geöffneten Handfläche, mithilfe der anderen Hand, hinunterrollen lassen. Dann wird der Vorgang auf der anderen Körperseite wiederholt.

Station 4: Hüpfende Ostereier

Material: 1 Rhythmiktuch, Kunststoffeier

Breiten Sie das Rhythmiktuch flach auf dem Boden aus. Jedes Kind bekommt ein Kunststoffei, das es dann auf das Tuch legen darf. Jetzt halten alle Kinder das Tuch am Rand fest und heben es vorsichtig nach oben. Das Tuch wird nun so auf- und abbewegt, dass alle Eier darauf hüpfen, aber nicht herunterfallen.

Station 5: Ostereier fangen

Material: 1 Tisch, 1 Osterkorb, Kunststoffeier, 1 Sandeimer (für jedes Kind)

Stellen Sie den Osterkorb mit den Kunststoffeiern unter den Tisch. Auf der gegenüberliegenden Seite stellen Sie für jedes Kind einen kleinen Sandeimer bereit.

Die Kinder dürfen sich jeweils einen Sandeimer nehmen und sich in einer Reihe an einem Tischende aufstellen. Dann rollen Sie von der anderen Seite aus für jedes Kind ein Ei über den Tisch. Jedes Kind darf also ein Ei mit seinem Eimer am Tischrand auffangen – gar nicht so einfach!

Idee: Anna Neef

Die ersten Fahrversuche

Koordinationsspiel

Alter: ab 2 Jahren
Dauer: 15 Minuten

Material

1 Rutschfahrzeug (für jedes Kind), Kreppklebeband, 5 Verkehrshütchen, 2 Turnbänke

Bereich 1: Slalomfahrt
Stellen Sie die Verkehrshütchen mit genügend Abstand zueinander in einer Linie auf. Die Kinder dürfen mit den Rutschfahrzeugen zwischen den Hütchen Slalom fahren. Wie schnell schaffen sie das?

Bereich 2: Einparkversuch
Markieren Sie mit dem Kreppklebeband einige Parkplätze für die Fahrzeuge am Boden. Die Kinder sollen mit den Rutschfahrzeugen einparken – wer schafft es, innerhalb der Linien zu parken?

Bereich 3: Tunnelfahrt
Stellen Sie zwei lange Turnbänke mit mindestens 150 cm Abstand so nebeneinander auf, dass die Kinder dazwischen durchfahren können. Alternativ können Sie zwei Linien mit Kreppklebeband aufkleben. Aufgabe ist es nun, mit den Rutschfahrzeugen zwischen den Bänken durchzufahren, ohne diese zu berühren.

Bereich 4: Kreisverkehr
Kleben Sie mit Kreppklebeband einen Kreis auf den Boden. Die Kinder dürfen einzeln mit den Rutschfahrzeugen um den Kreis herumfahren – wer schafft es, das Klebeband nicht zu berühren?

TIPP: Sie können das Koordinationsspiel auch draußen anbieten und statt Kreppklebeband Straßenmalkreide verwenden. Falls Sie keine Verkehrshütchen haben, können Sie auch umgedrehte Eimer einsetzen.

Idee: Anna Neef

Frühlingswetter

Mitmachgedicht

Alter: ab 1 Jahr
Dauer: 10 Minuten

Frühlingswetter ist es nun,
die Bienchen haben viel zu tun.
Beide Hände als Fäuste durch die Luft „schweben" lassen.
Summen munter her und hin
Leise summen.
und schauen, wo die Blumen sind.
Eine Hand öffnen, mit der Handfläche nach oben, die andere Faust hineinlegen.

Die Sonne wärmt den Frühlingstag.
Die Arme nach oben strecken.
Das ist so schön, wie ich es mag.
Klatschen.
Und fallen auch mal Regentropfen,
Die Hände auf- und abbewegen.
die munter an mein Fenster klopfen,
Auf die Oberschenkel tippen.
dann freue ich mich mit der Erde,
Klatschen.
denn so wächst Gras – gut für die Pferde!
Auf die Oberschenkel patschen.

Die Tiere dürfen auf die Weide.
Eine imaginäre Türe öffnen.
Sie laufen über Stock und Steine.
Mit den Füßen trippeln.
Sie bleiben stehen auch im Wind,
Pusten.
beobachten, wie jedes Kind
Ausschau halten.
sich freut, dass wieder Blumen blühen.
Klatschen.
Am Himmel schöne Wolken ziehen.
Nach oben deuten.

Die Sonne scheint und jeder lacht –
Die Arme nach oben ausbreiten.
das hat der Frühling gut gemacht!
Beide Daumen nach oben strecken.

Idee: Marion Bischoff

Sommer

Pfützenspringen

Spielidee

Alter: ab 2 Jahren
Dauer: 10 Minuten

Material
Kreppklebeband,
1 Tamburin

Pfützen in unserer Krippe

Markieren Sie im Raum mit dem Kreppklebeband verschiedene Flächen, die Pfützenform haben und groß genug sind, dass mehrere Kinder darauf Platz finden.

Etwas Abkühlung gefällig?

Die Kinder stehen über den Raum verteilt. Sobald das Tamburin ertönt, bewegen sie sich in ihrem eigenen Tempo durch den Raum. Irgendwann halten Sie inne und rufen:

Puh, ich schwitze, ich schwitze,
ich springe in die Pfütze!

Daraufhin hüpfen die Kinder in eine der von Ihnen gestalteten „Pfützen" und warten dort, bis die nächste Spielrunde beginnt.

TIPP: Nach einem warmen Sommerregen, wenn sich im Freigelände kleine und größere Pfützen gebildet haben, oder auch nach einer Wasserschlacht kann dieses Spiel mit richtig viel Spaß im Freien durchgeführt werden.

Idee: Marion Bischoff

Die kleine Biene Summsebrumm

Handspiel

Alter: ab 1 Jahr
Dauer: 5 Minuten

Kleine Biene saust herum,
kleine Biene Summsebrumm.
Die Hand schwungvoll durch die Luft bewegen.

Kleine Biene, hin und her,
Fliegen fällt ihr gar nicht schwer.
Die Hand hin- und herschwingen.

Kleine Biene, setzt sich hin,
in einer schönen Blume drin.
Die Hand auf die Handfläche der zweiten Hand legen.

Kleine Biene saust herum,
kleine Biene Summsebrumm.
Die Hand schwungvoll durch die Luft bewegen.

Kleine Biene, hin und her,
Fliegen fällt ihr gar nicht schwer.
Die Hand hin- und herschwingen.

Idee: Marion Bischoff

Der Riese auf der Wiese

Spiellied

Alter: ab 1 Jahr
Dauer: 5 Minuten

Auf der Wiese am Waldrand
liegt ein Riese und schläft.
Und ich schleiche mich gleich an,
kitzle ihn an seinem Zeh.

(Melodie: Kommt ein Vogel geflogen)

TIPP: Alternativ können auch immer zwei Kinder ein Paar bilden: Abwechselnd spielen sie mal den Riesen und mal das kitzelnde Kind. Sie können dieses kurze Lied auch mit einzelnen Kindern in der Wickelsituation oder nach der Schlafenszeit einsetzen.

Und so geht's:
Die Kinder sitzen im Kreis. Ein Kind liegt in der Mitte und schließt die Augen. Eines der Kinder aus dem Kreis berührt den Zeh des in der Mitte liegenden Kindes und kitzelt leicht. Das Kind in der Mitte darf dann das andere Kind erraten und die Rollen werden getauscht.

Idee: Marion Bischoff

Bunt ist die Welt

Mitmachlied

Alter: ab 2 Jahren
Dauer: 10 Minuten

Material
1 buntes Chiffontuch
(für jedes Kind)

1

Li-la-lund, uns're Welt ist bunt.
Uns're Welt ist wunderschön,
das kann gleich ein jeder seh'n.
Li-la-lund, uns're Welt ist bunt.

2

Li-la-lund, uns're Welt ist bunt.
Sieh da zu den Blumen hin,
kannst du seh'n, wie schön sie blüh'n?
Li-la-lund, uns're Welt ist bunt.

3

Li-la-lund, uns're Welt ist bunt.
Sieh dort zu den Vögeln hin
und dem kleinen Schmetterling.
Li-la-lund, uns're Welt ist bunt.

4

Li-la-lund, uns're Welt ist bunt.
Auch die Menschen sind zu seh'n,
alle sind sie wunderschön.
Li-la-lund, uns're Welt ist bunt.

(Melodie: Ri-Ra-Rutsch)

Und so geht's:
Die Kinder stehen oder sitzen im Raum verteilt. Jedes Kind erhält ein Chiffontuch. Die Kinder bewegen sich zum Rhythmus des Liedes und lassen dabei ihre Tücher fliegen.

Idee: Marion Bischoff

Fische im Wasser

Mitmachgedicht

Alter: ab 1,5 Jahren
Dauer: 10 Minuten

Wir sind die Fische im Wasser,
wir schwimmen langsam im Teich.
Wir sind die Fische im Wasser,
das kühle Nass ist unser Reich.

Wir sind die Fische im Wasser,
wir schwimmen vor und zurück.
Wir sind die Fische im Wasser,
das Schwimmen ist unser Glück.

Wir sind die Fische im Wasser,
hier ist es schön kühl und auch nass.
Wir sind die Fische im Wasser,
das Leben hier macht großen Spaß.

Und so geht's:
Alle Kinder liegen bäuchlings auf dem Boden. Während Sie den Reim sprechen, bewegen sich die Kinder „schwimmend" durch den Raum. Animieren Sie zum Mitsprechen und wiederholen Sie den Reim so oft es den Kindern Freude macht. Dabei können Sie sowohl die Lautstärke als auch das Tempo verändern und so noch mehr Dynamik erzeugen.

Idee: Marion Bischoff

Vögel fliegen hin und her

Bewegungsgedicht

Alter: ab 2 Jahren
Dauer: 10 Minuten

Material
2 Tücher (für jedes Kind)

Vögel fliegen hin und her,
Vögel lieben Fliegen sehr.

Vögel fliegen auf und nieder,
Vögel fliegen immer wieder.

Vögel fliegen rundherum,
Vögel fliegen einfach rum.

Vögel finden einen Ast,
setzen sich und machen Rast.

Und so geht's:
Die Kinder halten in beiden Händen jeweils ein Tuch. Sie stehen im Raum verteilt und sprechen den Vers mit. Dabei beginnen sie, sich zu bewegen. Bei der letzten Strophe bleiben die Kinder stehen, setzen sich auf den Boden und kommen zur Ruhe.

Idee: Marion Bischoff

Über Stock und über Stein

Kniereiter

Alter: ab 0 Jahren
Dauer: 5 Minuten

Kleiner Troll, wo kommst du her?
Mit den Fingern über den Arm des Kindes wandern.
Über Stock und Stein vom Meer
Mit den Beinen des Kindes Wellenbewegungen machen.
bin ich zu dir hergekrochen,
Mit den Fingern über den Arm des Kindes kreisen.
um an deine Tür zu pochen.
Die Nase des Kindes vorsichtig antippen.

Will auf deine Klingel drücken,
Das Kinn des Kindes vorsichtig antippen.
mich dann zu dir rüberbücken.
Sich zum Kind beugen.
Bist du mir dann richtig nah,
Die Arme ausbreiten.
umarm ich dich, das ist doch klar!
Das Kind in den Arm nehmen.

Idee: Marion Bischoff

Glühwürmchen-Tanz

Mitmachlied

Alter: ab 2 Jahren
Dauer: 10 Minuten

1

Im Garten, da tanzen Glühwürmchen,
im Garten, da tanzen Glühwürmchen.
Im Garten, da tanzen Glühwürmchen
und singen: „Heut sind wir alle froh,
heut sind wir alle froh,
heut sind wir alle froh.“
Und sie tanzen im Garten, hoho!

2

Im Garten, da zirpen die Grillen,
im Garten, da zirpen die Grillen.
Im Garten, da zirpen die Grillen
und singen: „Heut sind wir alle froh,
heut sind wir alle froh,
heut sind wir alle froh.“
Und sie zirpen im Garten, hoho!

3

Im Garten, da hüpfen die Frösche,
im Garten, da hüpfen die Frösche.
Im Garten, da hüpfen die Frösche
und singen: „Heut sind wir alle froh,
heut sind wir alle froh,
heut sind wir alle froh.“
Und sie hüpfen im Garten, hoho!

4

Im Garten, da zwitschern die Vögel,
im Garten, da zwitschern die Vögel.
Im Garten, da zwitschern die Vögel
und singen: „Heut sind wir alle froh,
heut sind wir alle froh,
heut sind wir alle froh.“
Und sie zwitschern im Garten, hoho!

(Melodie: Jack saß in der Küche mit Tina)

Idee: Marion Bischoff

Die Grillen im Garten

Klatschlied

Alter: ab 2 Jahren
Dauer: 5 Minuten

Die Grillen im Garten,
die wollen nicht warten.
Sie zirpen und singen bei Sonne und Nacht.
Zirp, zirp, zirp, zirp, zirp, zirp, zirp,
zirp, zirp, zirp, zirp, zirp, zirp, zirp.

(Melodie: Es tönen die Lieder)

Und so geht's:
Die Kinder sitzen im Kreis und beginnen, ganz leise das Lied zu singen. Beim Zirpen der Grillen wird mitgeklatscht. Wiederholen Sie das Lied mehrfach in unterschiedlichen Lautstärken und animieren Sie die Kinder, sich irgendwann hinzustellen und paarweise miteinander zu tanzen.

Idee: Marion Bischoff

Wasserwerfer

Spielidee

Alter: ab 1 Jahr
Dauer: 15 Minuten

Material

gefüllte Wasserkübel, Schwämme (in verschiedenen Größen), 1 dunkles Baumwolltuch

Auf nasser Spurensuche

Was macht mehr Spaß, als an heißen Tagen mit Wasser zu hantieren? Legen Sie verschiedene Schwämme in die mit Wasser gefüllten Kübel. Jedes Kind wählt sich einen Schwamm aus, wirft ihn auf den Boden, an die Hauswand oder auch auf ein vorher aufgehängtes und gespanntes, dunkles Baumwolltuch, das möglichst groß ist. Wo die Schwämme landen, hinterlässt das Wasser einen dunklen Abdruck, der durch die Sonne und die warme Luft jedoch ziemlich schnell wieder verschwindet. Hier können Sie den Kindern freie Entfaltungsmöglichkeiten lassen. Insbesondere die etwas älteren Kinder werden vermutlich schnell Muster gestalten oder verschiedene Schwämme ausprobieren.

TIPP: Achten Sie besonders bei den jüngeren Kindern darauf, dass das Wasser angenehm temperiert ist, für den Fall, dass auch die Kinder selbst nass werden.

Idee: Marion Bischoff

Bunte Blumen

Reaktionsgeschichte

Alter: ab 2 Jahren
Dauer: 10 Minuten

Wir haben einen schönen, großen Garten. Dort stehen viele Blumen. Manche Blumen sind **rot**. Andere sind **gelb**.

Wenn wir barfuß über das **grüne** Gras gehen, kitzeln uns die **grünen** Grashalme an den Füßen. Das **grüne** Gras ist schön warm und weich. Hier legen wir uns hin und schauen in den **blauen** Himmel. Weiße Wolken können wir vor dem **blauen** Himmel entdecken.

Eine **gelbe** Hummel kommt angeflogen. Sie setzt sich auf die große **gelbe** Blume. Leise brummt sie vor sich hin. Da hüpft auch schon der **grüne** Grashüpfer herbei. Er bleibt nicht sitzen, sondern hüpft immer weiter hin zu den **roten** Erdbeeren.

Jetzt entdecken auch die Kinder die schönen **roten** Früchte. Schnell laufen sie hin und fangen an, von den süßen **roten** Erdbeeren zu naschen. Mmh, die sind so lecker!

Morgen kommen wir wieder in den schönen Garten mit den **roten** Erdbeeren, den **gelben** Blumen, dem **grünen** Gras und dem **blauen** Himmel.

Und so geht's:
Legen Sie vor Beginn der Geschichte fest, dass immer, wenn Sie **Rot** sagen, alle in die Hände klatschen. Bei **Gelb** werden die Hände aneinander gerieben, bei **Grün** werden die Fäuste auf den Boden geschlagen und bei **Blau** wird mit den Füßen aufgestampft.

TIPP: Wenn die Kinder noch unsicher sind, helfen Bild- oder Farbkarten. Und vor allem: Fungieren Sie als Vorbild, indem Sie die Bewegungen immer wieder vor- bzw. mitmachen.

Idee: Marion Bischoff

Die Kuh mit dem „Muh!“

Mitmachgedicht

Alter: ab 2 Jahren
Dauer: 5 Minuten

Kennst du schon die Kuh?
Sie steht da und macht laut „Muh“!
Sie schaut dich einfach an.
Erst sagt sie nichts, doch dann
ruft sie schon wieder „Muh“,
die große, braune Kuh.

Und so geht's:
Die Kinder stehen im Raum verteilt und lassen einen Arm wie einen Kuhschwanz nach unten baumeln. Betonen Sie besonders das Muhen der Kuh – dazu können die Kinder auch hüpfen, klatschen, stampfen.

Idee: Marion Bischoff

Mit dem Boot

Mitmachlied

Alter: ab 1 Jahr
Dauer: 10 Minuten

Material
1 Baumwolltuch
(für jedes Kind)

1

Mit dem Boot, Boot, Boot
geht es los, los, los
übers tiefe, tiefe, tiefe, tiefe Wasser.

2

Mit dem Boot, Boot, Boot
fahr ich schnell, schnell, schnell
durch das nasse, nasse, nasse, nasse Wasser.

3

Zur Insel will ich hin,
ein Eis gibt es für mich
nach der langen, langen Reise auf dem Wasser.

(Melodie: Elefant kommt gerannt)

Und so geht's:
Jedes Kind sitzt auf einem Tuch und schiebt sich passend zum Liedtext mit Po, Händen und Füßen über den Boden.

Idee: Marion Bischoff

Unser Eis

Rätselreime

Alter: ab 2 Jahren
Dauer: 5 Minuten

Material
Bildkarten (Eissorten)

Am liebsten mag Koko
das braune Eis aus ... (Schoko)

Da braucht man keine Brille,
für Eis von der ... (Vanille)

Ich geb dir einen Kuss
für ein Eis aus ... (Nuss)

Es ist rosa und nicht weiß,
genau, ich meine ... (Erdbeereis/Himbeereis)

Und so geht's:
Halten Sie zu jedem Reim die passende Bildkarte so, dass alle Kinder sie sehen können. Insbesondere in den ersten Reimrunden geben Sie auch die Antworten vor. Bald schon werden die Kinder die Reime mitsprechen – so lernen sie spielerisch den Sprechrhythmus und die Laute kennen.

Idee: Marion Bischoff

Eiswürfelbilder

Kreatividee

Alter: ab 2 Jahren
Dauer: 10 Minuten

Material
mit Lebensmitteln gefärbte Eiswürfel, große Papierbogen

Ich male mir die Welt …
Gehen Sie mit den Kindern an einem warmen Sommertag nach draußen. Jedes Kind sucht sich einen der verschiedenfarbigen Eiswürfel aus und malt damit feuchte Spuren auf das Papier. Dabei entscheiden die Kinder, ob sie ein gemeinsames Bild gestalten oder individuelle Kunstwerke kreieren wollen. Auch bei den Motiven sind sie völlig frei: Vielleicht soll es ein abstraktes Muster werden, vielleicht aber auch ein Eis, ein Baum, eine Sonne, … Der Fantasie sind dabei keine Grenzen gesetzt!

TIPP: Statt der Papierbogen können Sie auch weißen Stoff verwenden. Achten Sie darauf, dass er gut gespannt ist, denn so gelingt das Malen leichter.

Idee: Marion Bischoff

Sommer, Sonne, Spaß

Kreislied

Alter: ab 2 Jahren
Dauer: 10 Minuten

1

Heute scheint die Sonne
und das macht uns Spaß – und das macht uns Spaß.
Wir planschen heut im Wasser und dann sind wir nass.

2

Heute scheint die Sonne
und wir gehen raus – und wir gehen raus.
Der Sonnenhut zum Schützen, der macht uns gar nichts aus.

3

Heute scheint die Sonne
und wir gehen raus – und wir gehen raus.
Wir spielen auf der Wiese im schönen, grünen Gras.

(Melodie: Alle meine Entchen)

Und so geht's:
Die Kinder stehen im Kreis, halten sich an den Händen und bewegen sich während des Liedes gemeinsam in eine Richtung. Ändern Sie zwischen den Strophen die Bewegungsrichtung, gehen Sie auch mal in die Kreismitte und wieder nach außen.

Idee: Marion Bischoff

Herbst

Wir reiten mit dem Pferd

Alter: ab 2 Jahren
Dauer: 5 Minuten

Mitmachgedicht

Wir reiten heute mit dem Pferd,
ganz langsam geht es los.
Mit den Händen langsam
auf die Oberschenkel patschen.

Wir reiten heute mit dem Pferd,
ein bisschen schneller bloß.
Mit den Händen schneller
auf die Oberschenkel patschen.

Wir reiten heute mit dem Pferd,
nun wird es richtig flott.
Mit den Händen richtig schnell
auf die Oberschenkel patschen.

Wir reiten heute mit dem Pferd,
wir reiten im Galopp.
Mit den Händen schnell
auf die Oberschenkel patschen,
mit den Fersen auf den Boden stampfen.

Wir reiten heute mit dem Pferd,
doch nun braucht es ne Pause.
Mit den Händen langsam
auf die Oberschenkel patschen.

Wir reiten heute mit dem Pferd,
geschlafen wird zu Hause.
Den Kopf zur Seite neigen, die Augen schließen
und Schnarchgeräusche machen.

Und so geht's:
Die Kinder sitzen im Kreis auf dem Boden. Die Beine sind nach vorn ausgestreckt, die Hände liegen locker auf den Oberschenkeln. Lesen Sie dann das Mitmachgedicht vor – und alle machen mit!

Idee: Marion Bischoff

Kastanienrutsche

Spielidee

Alter: ab 1 Jahr
Dauer: 10 Minuten

Material
Rosskastanien, Kissen,
1 Pappröhre (für zwei Kinder)

Rolle, rolle, rundherum

Die Kinder sitzen sich paarweise gegenüber. Zwischen ihnen liegen die Pappröhre und die Kastanien. Ein Kind legt die Kastanie in die Röhre und hebt diese an. Beide Kinder hören, wie sich die Kastanie in Bewegung setzt, und können sie entweder komplett herausrollen lassen und auffangen oder versuchen, sie in der Röhre hin- und herzurollen. Bestärken Sie die Kinder darin, sich immer wieder auszuprobieren, indem sie mehrere Kastanien in die Rolle legen, die Rolle schräg auf einem Kissen ablegen etc.

TIPP: Nach dem Spiel können Sie die Papprollen auch zukleben. Wenn eine Seite zugeklebt ist, füllen die Kinder einige Kastanien hinein und kleben die zweite Öffnung ebenfalls zu. So entsteht ein einfaches Instrument!

Idee: Marion Bischoff

Herbstliche Geschichten

Gesprächsimpuls

Alter: ab 2 Jahren
Dauer: 10 Minuten

Material
Taschenlampen, weißes Papier, 1 Kleber

Vorbereitung

Drucken Sie unterschiedliche Herbstmotive (z. B. Kastanien, Igel, Laub, Kürbis) in gleicher Größe auf weißem Papier aus. Die Bilder werden dann mit der Bildseite nach unten auf ein weiteres weißes Papier gleicher Größe geklebt, sodass nicht ersichtlich ist, welches Bild sich auf der jeweiligen Karte befindet. Laminieren Sie die Bildkarten, damit sie länger haltbar bleiben.

Was hat sich da wohl versteckt?

Jedes Kind zieht eine oder zwei Karten und beleuchtet sie mit der Taschenlampe. Was entdecken die Kinder auf der Karte? Erfinden Sie gemeinsam kleine Geschichten zu den gezogenen Bildkarten!

TIPP: Bieten Sie den Kindern die Chance, die Karten jederzeit selbstständig zu erreichen und auch die Taschenlampe zu benutzen. So können sie, auch im Freispiel, immer wieder neue Karten ziehen und eigene Ideen entwickeln.

Idee: Marion Bischoff

Wie fühlt sich der Herbst an?

Wahrnehmungsidee

Alter: ab 2 Jahren
Dauer: 5 Minuten

Material
Laubblätter, Blütenblätter, Grashalme, herbstliche Dekoartikel, durchsichtige Kunststoffbeutel, durchsichtiges Klebeband, Sand

Wo ist der Herbst?
Kleben Sie vorab die Kanten aller Beutel mit Klebeband ab, sodass die Öffnung noch frei bleibt und ein Auslaufen auf jeden Fall verhindert wird. Dann füllt das Kind etwa bis zur Hälfte Sand ein und gibt individuell die von ihm ausgewählten Materialien dazu. Schließen Sie dann den Beutel und kleben Sie die Seite der Öffnung ebenfalls mit dem Klebeband ab.
Es geht in erster Linie darum, die verschiedenen Materialien in den Beuteln zu ertasten und zu bewegen.

TIPP: Sie können die Beutel statt mit Sand auch zu einem Drittel mit Haargel (oder einem anderen durchsichtigen Gel) füllen. So sehen die Kinder die Materialien gut und können diese nach Belieben mit ihren Fingern verschieben und immer wieder neu anordnen.

Idee: Marion Bischoff

Wilde Blätter, stille Bäume

Bewegungslied

Alter: ab 1 Jahr
Dauer: 5 Minuten

Der Herbstwind kommt geschwind,
will all die Blätter weh'n,
mit seiner Kraft will er
sie alle fliegen seh'n.
Der Apfelbaum denkt sich:
„Komm nur und rüttel mich,
die Wurzeln halten mich,
mich wirfst du sicher nicht!"

(Melodie: Das rote Pferd)

Und so geht's:
Dieses Lied können Sie jederzeit einsetzen, um Bewegung und Action in den Alltag zu bringen. Die Kinder laufen, hüpfen und klatschen nach Belieben dazu.

TIPP: In weiteren Strophen können Sie den Apfelbaum durch alle möglichen anderen Bäume ersetzen.

Idee: Marion Bischoff

Laubrasseln

Kreativlied

Material
Zweige mit trockenem Laub

Alter: ab 2 Jahren
Dauer: 10 Minuten

Es tanzt ein bunter Herbstchenzwerg
in unser'm Kreis herum, fidebum,
es tanzt ein bunter Herbstchenzwerg
in unser'm Kreis herum.
Er rüttelt hin und rüttelt her, er raschelt laut,
als wenn nichts wär.
Es tanzt ein bunter Herbstchenzwerg
in unser'm Kreis herum.

(Melodie: Es tanzt ein Bi-Ba-Butzemann)

Und so geht's:
Jedes Kind hält seine „Laubrassel" in der Hand. Zur dritten Liedzeile bewegen die Kinder ihre Laubrasseln, sodass sie schön zu hören sind. Zu allen anderen Textzeilen drehen sich die Kinder im Kreis.

TIPP: Wiederholen Sie die Strophe mehrfach in unterschiedlichen Lautstärken, sodass die Kinder mal laut und mal leise agieren können und auf spielerische Weise die Stimmregulation trainieren.

Idee: Marion Bischoff

Futter für die Eichhörnchen

Spielidee

Alter: ab 1,5 Jahren
Dauer: 10 Minuten

Material
1 Mütze (für jedes Kind), Kastanien, Walnüsse

Wo sind die Nüsse?
Legen Sie an verschiedenen Stellen des Raumes Nüsse und Kastanien aus. Jedes Kind hält seine Mütze in der Hand. Darin werden die Kastanien und Nüsse gesammelt. Beginnen Sie nun das Spiel:

„Heute sind wir alle Eichhörnchen. Wir brauchen Futter für den Winter. Überall liegen leckere Sachen für uns versteckt. Könnt ihr sie finden? Macht euch auf die Suche nach Kastanien und Nüssen für den Eichhörnchen-Winter."

TIPP: Mit einem Tamburin geben Sie ein bestimmtes Bewegungstempo vor. Klopfen Sie langsam, bewegen sich auch die Kinder langsamer. Hören Sie auf, das Tamburin zu spielen, bleiben alle „Eichhörnchen" stehen.

Idee: Marion Bischoff

Meine kleine Rappelkiste

Wahrnehmungsidee

Alter: ab 1 Jahr
Dauer: 10 Minuten

Material
kleine Schuhkartons, Naturmaterialien, Klebstoff

Hört genau hin!

Bei einem Spaziergang sammeln Sie mit den Kindern unterschiedliche Naturmaterialien: Nüsse, Eicheln, Kastanien, Bucheckern, kleine Äste und Zweige – alle Materialien in der Größe, dass die Kinder sie gut in ihre Kisten packen können. Zurück in der Kita werden die gesammelten Schätze gesichtet. Dann legt jedes Kind diejenigen Dinge in seine Kiste, die es darin haben möchte. Kleben Sie anschließend den Deckel an der Kiste fest – fertig ist die Rappelkiste! Nun können die Kinder ihre Rappelkisten schütteln und so damit Geräusche erzeugen. Klingen alle Kisten gleich oder erkennen die Kinder Unterschiede?

TIPP: Nutzen Sie die Rappelkisten für rhythmische Übungen, indem Sie einen bestimmten Rhythmus vorgeben und die Kinder ihn mit ihren Kisten nachahmen.

Idee: Marion Bischoff

Mäuschen hinterm Haus

Bewegungsspiel

Alter: ab 2 Jahren
Dauer: 5 Minuten

Mäuschen hinterm Haus,
komm doch zu uns heraus!
Wir woll'n dein Näschen seh'n,
mit dir spazieren geh'n.
Mäuschen, komm vor das Haus,
lauf auf das Feld hinaus!
Such dir eine zweite Maus
und nimm sie dann mit nach Haus.

Und so geht's:
Die Kinder sitzen im Kreis, während ein Kind als Mäuschen in die Kreismitte geht und sich bewegt – dabei kann es hüpfen, sich drehen, laufen, … Dann sucht sich das Mäuschen ein anderes Kind und die beiden bewegen sich gemeinsam. Anschließend setzt sich das erste Kind wieder in den Kreis und das zweite Kind spielt das Mäuschen.

Idee: Marion Bischoff

Bäume schütteln sich

Bewegungsgedicht

Alter: ab 2 Jahren
Dauer: 10 Minuten

Bäume schütteln sich,
Bäume rütteln sich,
werfen die Blätter ab
und sie erleichtern sich.

Bäume schütteln sich,
Bäume rütteln sich,
biegen die Zweige um,
Wind saust um sie herum.

Bäume schütteln sich,
Bäume rütteln sich,
spüren den Regen
und bleiben doch stehen.

<u>Für einen ruhigen Abschluss:</u>

Bäume rütteln sich,
Bäume schütteln sich,
werden dann wieder still,
wenn auch der Wind das will.
Bäume, die stehen da,
halten sich fest und klar.

Und so geht's:
Alle Kinder stehen im Raum und bewegen ihre Arme, Beine und den gesamten Körper zum Text. Wollen Sie die Kinder am Ende wieder zur Ruhe bringen, sprechen Sie noch die letzte Strophe.

Idee: Marion Bischoff

Pflaumenschmus

Streichelgedicht

Alter: ab 1 Jahr
Dauer: 5 Minuten

Pflaumenschmus, Pflaumenschmus
ist so süß wie Pflaumenmus!

Lass uns schmusen, lass uns kuscheln,
lass uns streicheln und uns nuscheln.
Lass uns süß sein wie die Pflaumen,
ich berühre deinen Daumen.

Ich berühre deine Hand,
die ist zart bis an den Rand.
Ich berühre deinen Arm,
der ist ganz entspannt und warm.

Ich berühre deine Schulter,
mit den Fingern rauf und runter.
Ich berühre deinen Rücken,
brauchst dich gar nicht runterbücken.

Pflaumenschmus, Pflaumenschmus
ist so süß wie Pflaumenmus!

Und so geht's:
Das Kind sitzt vor Ihnen oder auf Ihrem Schoß, sodass Sie seinen Oberkörper berühren können. Sprechen Sie den Text langsam und rhythmisch und machen Sie die genannten Bewegungen dazu.

Idee: Marion Bischoff

Ein Fuchs kommt um zwei Ecken

Kniereiter

Alter: ab 1 Jahr
Dauer: 5 Minuten

Ein Fuchs kommt um zwei Ecken,
er wollte sich verstecken.

Mit beiden Zeigefingern über den Oberschenkel wandern.

Doch das wird ihm zu dumm,
da dreht er lieber um.

Mit den Beinen einen Hüpfer machen und dann stehen bleiben.

Setzt sich hier vor dir nieder
und singt dir schöne Lieder.

Gemeinsam ein Lied singen, welches das Kind gern mag.

Der Fuchs sagt: „Gib gut acht!“
Er streichelt dich ganz sacht.

Den Rücken des Kindes streicheln.

Er nimmt dich in den Arm,
da wird dir gleich ganz warm.

Das Kind umarmen – wenn es möchte.

Dann läuft er um zwei Ecken,
will sich wieder verstecken.

Die Hände vor die Augen legen

Idee: Marion Bischoff

Auf Wiedersehen, lieber Storch!

Mitmachgedicht

Alter: ab 2 Jahren
Dauer: 5 Minuten

Auf Wiedersehen, lieber Storch,
du, mit dem langen Schnabel.

Die Arme nach vorn ausstrecken und wie einen Schnabel öffnen und schließen.

Bei uns wird dir zu kalt,
du willst es wärmer haben.

Die Arme fröstelnd um den Körper legen.

So machst du dich bereit,

Die Arme ausbreiten, Flugbewegungen nachahmen, langsam durch den Raum gehen.

im Frühherbst kommt die Zeit!

Mit einem Finger das Handgelenk antippen.

Nach Afrika soll's gehen,
mach's gut, auf Wiedersehen!

Winken.

TIPP: Dieses Mitmachgedicht kann auch als Kreisspiel durchgeführt werden, bei dem ein Kind den Storch spielt und die anderen Kinder ihm nachwinken.

Idee: Marion Bischoff

Ringel, rangel, runter

Mitmachlied

Alter: ab 2 Jahren
Dauer: 10 Minuten

1

Ringel, rangel, runter,
der Herbst macht alles bunter.
Die Birnen sind reif und gelb,
wir rufen laut: „Du schöne Welt!"

2

Ringel, rangel, runter,
der Herbst macht alles bunter.
Die Äpfel sind schön rot und rund,
wir rufen laut: „Ab in den Mund!"

3

Ringel, rangel, runter,
der Herbst macht alles bunter.
Die Karotten sind orange und lang,
wir rufen laut: „Hab vielen Dank!"

4

Ringel, rangel, runter,
der Herbst macht alles bunter.
Die Sonnenblumen sind groß und gelb,
wir rufen laut: „Du schöne Welt!"

(Melodie: Ringel, Ringel, Reihe)

Und so geht's:
Die Kinder stehen in einem Kreis und klatschen im Rhythmus zu dem Lied. Wenn Sie möchten, können Sie die verschiedenen Strophen mit passenden Bildkarten ergänzen.

Idee: Marion Bischoff

Vorratskammer

Mitmachgeschichte

Alter: ab 2 Jahren
Dauer: 15 Minuten

Material
Turnmatten, farbig markierte Kisten, Spielmaterialien (in den Farben der Kisten)

Liebe Kinder, heute sind wir alle Bauern und Bäuerinnen. Wir müssen vor dem großen Regen unsere Früchte und unser Gemüse einsammeln. Schaut euch um, alles liegt noch kreuz und quer auf den Feldern. Schaffen wir es, jede Frucht und jedes Gemüse in die passende Kiste zu sortieren?
Die Kinder beginnen, die ausgelegten Gegenstände einzusammeln und in die jeweiligen Kisten zu transportieren. Sind alle Dinge eingesammelt und sortiert, kehren die Kinder wieder zu ihren Matten zurück.

Puh, jetzt haben wir viel gearbeitet und sortiert. Nun wird es Zeit, dass sich die Bauern und Bäuerinnen gemütlich hinlegen und ausruhen.
Die Kinder legen sich auf die Matten.

Und so geht's:
Verteilen Sie die Matten, die Kisten und die Spielmaterialien im Raum.

Alle Bauern und Bäuerinnen atmen tief ein und aus, sie schließen ihre Augen und spüren die Müdigkeit in ihren Armen. Die Arme liegen schwer auf der Matte. Die Müdigkeit ist auch in den Beinen zu spüren. Die Beine werden schwer und immer schwerer. Der ganze Körper ist schwer. Leise schnarchen alle. So kann sich der Körper von der Arbeit ausruhen.
Die Kinder schließen die Augen, entspannen sich und lauschen Ihren Worten.

TIPP: Während die Kinder sich ausruhen, können Sie die Kisten neu im Raum verteilen und den Inhalt wieder auslegen, um eine weitere Spielrunde zu beginnen: „Und wenn sie wieder fit sind, sammeln die Bauern und Bäuerinnen auch wieder weiter auf ihren Feldern und Wiesen."

Idee: Marion Bischoff

Herbststurm

Mitmachgedicht

Alter: ab 1 Jahr
Dauer: 5 Minuten

Herbststurm pustet um das Haus,
Pusten und den Körper hin- und herbewegen.
da geht nicht mal die Maus hinaus.
Die Hand hin- und herkrabbeln lassen.

Auch der Igel sucht sich keck
unter Blättern ein Versteck.
Auf die Knie gehen und
den Körper zusammenrollen.

Die Vögel bleiben in ihrem Nest,
Nach oben deuten.
Opa hält seine Mütze fest.
Mit beiden Händen an den Kopf greifen.

Herbststurm pustet um das Haus,
Pusten und den Körper hin- und herbewegen.
da gehen kurz die Lichter aus.
Die Hände vor die Augen legen.

Bäume wackeln, Äste knacken,
Den Körper hin- und herbewegen.
wir bleiben drinnen zum Kuchen backen.
Den Bauch reiben.

Idee: Marion Bischoff

Bäuerin Lise und die Apfelernte

Mitmachgeschichte

Alter: ab 2 Jahren
Dauer: 15 Minuten

Bäuerin Lise hat im Herbst einiges zu tun. Die vielen Äpfel auf dem großen Apfelbaum sind endlich reif.
Die Arme nach oben strecken.

Der Apfelbaum hat viele große Äste.
Die Arme noch höher strecken.

Und mit den dicken Äpfeln daran sind die Äste sehr schwer. Sie hängen weit herunter.
Die Arme nach unten hängen lassen.

Lise zählt ihre Apfelbäume: Eins, zwei, drei, vier, fünf, sechs, sieben.
Mit den Fingern langsam mitzählen.

Es sind so viele – und bei allen müssen die Äpfel geerntet werden. Wo soll Lise nur beginnen?
Sich am Kopf kratzen.

Lise schaut sich um.
Sich fragend umschauen.

Dann entscheidet sie sich für den allergrößten Baum am Rand des langen Weges, der zu ihrem Bauernhof führt. Mit dem Traktor fährt sie zum Apfelbaum. Der Traktor tuckert und wackelt, als sie den Weg entlangfährt.
Durch den Raum gehen und Traktorengeräusche machen.

Am Wegesrand angekommen, stellt Lise den Traktor ab, pflückt die Äpfel, die sie einfach erreichen kann, und legt sie in ihren Korb. Wie lecker die Äpfel aussehen!
Einen Arm nach oben strecken, Pflückbewegung nachahmen, nach unten beugen.

Doch bald schon ist Lise zu klein, um die hohen Äste zu erreichen.
Sich auf die Zehenspitzen stellen.

Idee: Marion Bischoff

Lise holt eine große Decke vom Traktor und breitet sie unter dem großen Baum aus. Dann geht sie wieder zum Traktor – denn zum Glück hat sie noch den Baumschüttler eingepackt.
Den Zeigefinger hochhalten.

Sie hebt den Baumschüttler aus dem Traktor und bindet ihn um den Stamm des Apfelbaumes. Da wackelt und rüttelt sich der Baum schon hin und her.
Mit den Armen und Beinen wackeln.

Die Äpfel fallen – einer nach dem anderen – auf die Decke. Lise sammelt sie fleißig ein und legt sie in den Korb zu den anderen Äpfeln.
Sich nach vorn beugen, sich aufrichten, wieder vorbeugen.

Schon bald ist der Korb voll und Lise bringt ihn zurück zum Traktor. Puh, geschafft!
Sich mit dem Arm über die Stirn wischen.
(An dieser Stelle können Sie entscheiden, ob Sie mit den Kindern eine zweite Runde durchspielen oder ob Sie das Spiel beenden.)

Weiter geht's mit dem Traktor zum nächsten Apfelbaum. Dieser ist ein bisschen kleiner, doch auch hier sind die Äpfel reif für die Ernte. Lise pflückt die Äpfel, einen nach dem anderen …

Idee: Marion Bischoff

Winter

Winterliche Tierolympiade

Bewegungsspiele

Alter: ab 2 Jahren
Dauer: 20 Minuten

Auf die Plätze, fertig

Bereiten Sie die zehn Stationen der Tierolympiade vor, indem Sie für jede Station einen Stuhl im Raum aufstellen. Verteilen Sie dann die Spielzeugtiere auf den Stühlen und decken Sie jedes mit einem Spielzeugeimer ab. Markieren Sie mit einem Kreppklebeband eine Startlinie auf dem Boden neben der Eingangstüre.

… und los!

Die Kinder versammeln sich an der Eingangstüre. Gehen Sie dann gemeinsam die Stationen durch, decken Sie das jeweilige Tier auf und führen Sie die entsprechenden Aufgaben aus. Zum Schluss treffen sich alle wieder an der Eingangstüre.

Station 1: Eisbär
Langsam und schwerfällig auf allen vieren gehen.

Station 2: Eichhörnchen
Locker hin- und herhüpfen, die Hände vor der Brust halten und Fäuste machen.

Station 3: Igel
Leise durch den Raum trippeln und mit gespreizten Fingern die Stacheln andeuten.

Station 4: Pinguin
Wie ein Pinguin watscheln und die Arme eng am Oberkörper halten.

Idee: Anna Neef

Material

Tierfiguren (Eisbär, Eichhörnchen, Igel, Pinguin, Eule, Schneehase, Robbe, Esel, Maus, Schneeleopard), 10 Spielzeugeimer, Kreppklebeband

Station 5: Eule
Die Arme ganz weit zu den Seiten öffnen und durch den Raum „gleiten".

Station 6: Schneehase
Leise hoppeln.

Station 7: Robbe
Auf dem Bauch über den Boden robben.

Station 8: Esel
Langsam traben, mit dem Kopf nicken und „I-ah" rufen.

Station 9: Maus
Sich ganz klein machen, ducken und leise trippeln.

Station 10: Schneeleopard
Die Schultern aufrichten, den Kopf nach oben halten, gemächlich laufen.

TIPP: Statt der Tierfiguren können Sie auch Bilder ausdrucken und laminieren. Gestalten Sie im Anschluss doch eine Urkunde für die Tierolympiade, die die Kinder für ihre Teilnahme erhalten.

Idee: Anna Neef

Wir bauen einen Schneemann!

Fingerspiel

Alter: ab 1 Jahr
Dauer: 10 Minuten

Kommt, wir bauen einen großen Schneemann!
Mit einer Hand die Kinder heranwinken.

Zum Glück haben wir dicke Fäustlinge an.
Die Hände zu Fäusten ballen.

Wir rollen nun die erste Schneekugel.
Die rechte Hand zu einer Faust ballen.

Rollen, rollen, rollen,
bis die erste Kugel steht.
Die Hände umeinanderrollen,
dann die rechte Hand zu einer Faust ballen.

Wir rollen nun die zweite Schneekugel.
Die linke Hand zu einer Faust ballen.

Rollen, rollen, rollen,
bis die zweite Kugel steht.
Die Hände umeinanderrollen,
dann die linke Hand zu einer Faust ballen.

Zum Schluss kommt eine Kugel
als Kopf drauf und dann
Eine Faust auf die andere legen.

lacht dich der Schneemann mit
seiner Karottennase an.
Den Daumen der oberen Faust als Karottennase
zwischen Ring- und Mittelfinger hindurchstecken.

Idee: Anna Neef

Verzauberte Füße

Fußgymnastik

Alter: ab 2 Jahren
Dauer: 30 Minuten

Material
1 Zauberstab, 1 Bodenmatte

Zeigt her, eure Füße!

Legen Sie eine Bodenmatte in die Mitte des Raumes. Falls der Boden kalt ist, empfehlen sich Anti-Rutsch-Socken für die Kinder. Setzen Sie sich mit der Gruppe im Kreis auf die Bodenmatte. Fragen Sie die Kinder, wo ihre Füße sind, und lassen Sie sich diese zeigen. Schauen Sie sich gemeinsam an, wie die Füße aussehen, und benennen Sie die Zehen, die Ferse, die Fußsohle und die Knöchel. Den Kindern macht es bestimmt auch einen Riesenspaß, die Zehen zu zählen: Zählen Sie alle Zehen gemeinsam laut ab. Räumen Sie dann die Bodenmatte zur Seite und stehen Sie gemeinsam auf.

Was Füße alles können

Fragen Sie die Kinder, was ihre Füße alles können, und lassen Sie sie reihum je eine Bewegung vorzeigen. Die Gruppe ahmt die Bewegungen nach. Dann werden die Füße der Kinder verzaubert. Nehmen Sie hierfür den Zauberstab, deuten Sie damit auf die Füße und sprechen Sie, während Sie den Zauberstab schwingen, langsam folgende Worte:

Eins, zwei, drei,
los geht die Füße-Zauberei!
Alle Füße werden stampfen!

Die Füße aller Kinder folgen dem Zauberspruch. So können Sie in jeder Runde die Bewegungsideen austauschen und Abwechslung ins Spiel bringen. Wie wäre es beispielsweise mit:

- Tanzen
- Laufen
- Galoppieren
- Springen
- Schleichen
- Stehen
- Wackeln
- Zappeln
- …

Idee: Anna Neef

Der Nussknacker

Rhythmusspiel

Alter: ab 2 Jahren
Dauer: 20 Minuten

Material
1 Paar Klanghölzer (für jedes Kind), 1 Körbchen, Ballettmusik (z. B. „Nussknacker, Marsch, Nr. 2" von Peter Tschaikowsky)

Klock, klock, klock

Bereiten Sie im Raum die Musik und einen Sitzkreis auf dem Boden vor. Legen Sie für jedes Kind ein Paar Klanghölzer in ein Körbchen. Lassen Sie dann jedes Kind zwei Klanghölzer herausnehmen und zeigen Sie, wie man dieses Instrument spielt. Experimentieren Sie dabei gemeinsam mit den musikalischen Parametern: langsam oder schnell, laut oder leise.

Wenn die Musik beginnt …

Starten Sie die Musik und lauschen Sie ihr gemeinsam mit den Kindern. Wenn sie den rhythmischen Refrain hören, dürfen die Kinder ihre Klanghölzer einsetzen. Sobald der Refrain endet, verstecken die Kinder ihre Klanghölzer hinter dem Rücken und lauschen weiter, bis die rhythmischen Fragmente wieder ertönen.

TIPP: Alternativ können sich die Kinder zur Musik frei im Raum bewegen. Dazu können Sie auch Bewegungsimpulse geben. Regen Sie die Freude an der Bewegung zur Musik an.

Idee: Anna Neef

Wir wärmen unsere Hände

Mitmachgedicht

Alter: ab 1 Jahr
Dauer: 5 Minuten

Hurra, hurra, hurra,
Die Hände schütteln.
der Winter ist nun da!
Die Silben klatschen.

Draußen wenn es schneit,
Die Finger zappeln lassen.
ist es ganz schön kalt.
Die Hände aneinanderreiben.

Meine Finger werden kalt.
Die Fäuste ballen und aneinanderreiben.
Das macht dann keinen Spaß.
Den Kopf schütteln.
Doch kalte Finger müssen nicht sein!
Die Finger zappeln lassen.

Darum mache ich sie mir warm –
Die Hände reiben.
und auch dir warm.
Auf ein Kind zeigen.

Nun komme ich zu dir
Zu einem Kind hingehen.
und wärme deine Hände.
Die Hände des Kindes vorsichtig reiben.

Idee: Anna Neef

Im Land der Bälle

Bewegungsexperimente

Alter: ab 2 Jahren
Dauer: 40 Minuten

Station 1: Startkreis

Material: 1 Gummiball, 1 Schaumstoffball, 1 Tennisball, 1 Jonglierball, 1 Igelball, 1 Sitzkissen (für jedes Kind)

Bereiten Sie einen Kreis mit Sitzkissen vor und legen Sie in die Mitte die verschiedenen Bälle. Nachdem alle Kinder Platz genommen haben, benennen Sie die einzelnen Bälle und lassen die Kinder damit experimentieren, indem sie sie anfassen und anschauen. Laden Sie die Kinder dann zu einer Reise ins Land der Bälle ein und gehen Sie gemeinsam die Stationen durch.

Station 2: Hüpfende Bälle

Material: 1 Gummiball (für jedes Kind)

Stellen Sie für alle Kinder Gummibälle zur Verfügung. Die Kinder dürfen die Bälle fest auf den Boden werfen und hüpfen lassen. Wer kann den Ball am höchsten hüpfen lassen? Und gelingt es auch jemandem, ihn nur ganz leicht hüpfen zu lassen?

TIPP: Lassen Sie die Stationen nach der Bewegungseinheit noch stehen, damit die Kinder die Spiele auch im Freispiel vertiefen und weiter mit den Bällen experimentieren können.

Station 3: Fußbälle

Material: 2 Verkehrshütchen, 1 Schaumstoffball (für jedes Kind)

Markieren Sie mit zwei Verkehrshütchen ein Fußballtor und stellen Sie für jedes Kind einen Schaumstoffball bereit. Die Kinder dürfen nun Tore schießen. Wer schafft es, den Ball mit den Füßen zwischen die zwei Hütchen zu kicken?

Station 4: Balancierende Bälle

Material: 1 Turnbank, 1 Tennisball (für jedes Kind)

Stellen Sie eine Turnbank auf und halten Sie für jedes Kind einen Tennisball bereit. Die Kinder dürfen nun versuchen, die Tennisbälle so über die Turnbank zu rollen, dass sie nicht hinunterfallen. Wer braucht am wenigsten Anläufe? Klappt es besser schnell oder langsam?

Station 5: Geworfene Bälle

Material: 3 Eimer, 1 Jonglierball (für jedes Kind)

Stellen Sie drei Eimer mit etwas Abstand zueinander auf und legen Sie für jedes Kind einen Jonglierball bereit. Die Kinder dürfen mit den Jonglierbällen in die Eimer zielen. Es ist wichtig, nach dem Abwurf zu warten, bis alle Kinder fertig sind, und erst danach die Bälle gemeinsam zu holen. Wer trifft in die Eimer?

Station 6: Schlusskreis

Material: Entspannungsmusik, 1 Igelball (für jedes Kind)

Alle Kinder treffen sich wieder im Sitzkreis. Geben Sie jedem Kind einen Igelball und spielen Sie die Entspannungsmusik ab. Zeigen Sie den Kindern, mit welchen Bewegungen der Igelball die Hände, die Beine oder auch den Bauch massieren kann. Auch eine Massage der Fußsohle ist ein interessantes sensorisches Erlebnis!

Idee: Anna Neef

Wenn die Glocken klingen

Musikstoppspiel

Alter: ab 2 Jahren
Dauer: 15 Minuten

Material
fröhliche Weihnachtsmusik, 1 Stuhl und 1 Glöckchen (für jedes Kind)

Kling, kleines Glöckchen!
Bereiten Sie die Musik vor, verteilen Sie die Stühle im Raum und legen Sie unter jeden Stuhl ein Glöckchen. Die Kinder dürfen sich jeweils einen Stuhl aussuchen, sich hinsetzen und die Glöckchen unter ihrem Stuhl hervornehmen und ausprobieren. Erklären Sie, dass die Glöckchen, sobald die Musik erklingt, schnell wieder unter dem Stuhl versteckt werden. Denn wenn die Musik erklingt, dürfen die Kinder im Raum tanzen und sich bewegen. Sobald die Musik endet, suchen sich alle Kinder schnell wieder einen Stuhl aus, setzen sich hin und spielen die Glöckchen – bis die Musik wieder neu erklingt!

Idee: Anna Neef

Schneeflockenwalzer

Rhythmusspiel

Alter: ab 2 Jahren
Dauer: 20 Minuten

Material

Ballettmusik (z. B. „Schneeflockenwalzer" von Peter Tschaikowsky)

Leise rieseln die Schneeflocken

Treffen Sie sich mit den Kindern in einem Sitzkreis und laden Sie sie zum Schneeflockentanz ein. Schalten Sie die Musik ein – alle Kinder dürfen sich frei bewegen. Zeigen Sie ihnen, dass sie mit ihren Händen und Fingern die Schneeflocken nachahmen und tanzen lassen können. Nehmen Sie gern den ganzen Raum mit den Kindern ein. Lassen Sie Ihre Hände mal oben und mal unten „tanzen".

Auch Drehungen um die eigene Achse sind sehr schöne Bewegungen zur Musik. Wichtig ist, dass Sie fließende Bewegungen zeigen, die ruhig und entspannt durchgeführt werden. Somit können Sie den Zauber der Musik vermitteln und gemeinsam genießen.

Idee: Anna Neef

Heute kommt der Nikolaus

Mitmachgedicht

Alter: ab 2 Jahren
Dauer: 15 Minuten

Heute kommt der Nikolaus,

Die Arme nach oben strecken und hochhüpfen.

alle Stiefel müssen raus!

Mit den Füßen stampfen und auf die Füße zeigen.

Schau mal aus dem Fenster raus:

Mit den Händen ein imaginäres Fenster öffnen und suchend hin- und herschauen.

Wer ist denn dort vor unser'm Haus?

Fragend die Hände heben.

O je, das ist gar nicht der Nikolaus.

Das Gesicht mit den Händen verdecken und mit den Füßen stampfen.

Das ist doch unser Nachbar Klaus!

Mit gestrecktem Zeigefinger nach vorn zeigen.

Wir halten es jetzt kaum mehr aus,

Aufgeregt klatschen.

wo bist du, lieber Nikolaus?

Suchend hin- und herschauen und sich im Kreis drehen.

Wir rufen doch mal richtig laut:

Die Hände trichterförmig vor den Mund legen.

„Komm doch, lieber Nikolaus!"

Mit einer Hand zu sich herwinken.

Auf einmal stampft es vor dem Haus,

Dreimal langsam und deutlich stampfen.

da kommt er doch, der Nikolaus!

Mit einem Arm nach vorn zeigen.

Wir klatschen vor Freude ganz laut

Klatschen.

und begrüßen den Nikolaus.

Mit beiden Händen winken.

Der Nikolaus kommt rein ins Haus,

Leise stampfen.

teilt seine Gaben in die Stiefel aus.

Mit der Hand das Austeilen andeuten.

Wir sagen: „Danke, lieber Nikolaus!"

Klatschen.

Idee: Anna Neef

Kuschelig warmer Barfuß-Parcours

Sinneserlebnis

Alter: ab 2 Jahren
Dauer: 10 Minuten

Material
5 rutschfeste Gymnastikmatten, Teppichreste, flache Kissen, 1 Lammfell, Märchenwolle, Kirschkernkissen

Es kitzelt, es wärmt, es kribbelt

Legen Sie die Gymnastikmatten kreisförmig aus und verteilen Sie – immer mit etwas Abstand – kleine Teppichreste, flache Kissen, ein Stück Lammfell, Märchenwolle und vorgewärmte Kirschkernkissen dazwischen. Treffen Sie sich mit den Kindern in einem Kreis und erzählen Sie ihnen, dass sie heute ihre Füße verwöhnen dürfen. Dazu ziehen sie ihre Hausschuhe und Socken aus und gehen zum Sinnes-Parcours. Nacheinander dürfen die Kinder mit den Füßen die Materialien erfühlen und danach darauf stehen. Sprechen Sie darüber, wie sich die Oberflächen anfühlen und was die Kinder am liebsten mögen. Es ist wichtig, dass alle dabei entspannt bleiben und nicht im Raum herumlaufen.

TIPP: Sie können die verschiedenen Stationen auch mit Entspannungsmusik untermalen. Oder Sie lassen die Kinder die Stationen jeweils zu einem Signalton einer Klangschale wechseln.

Idee: Anna Neef

Tannenlabyrinth

Balancierspiel

Material
1 Stock, 1 Korb, 1 großer Tannenzapfen (für jedes Kind)

Alter: ab 2 Jahren
Dauer: 15 Minuten

Oh, Tannenbaum!

Wenn der Schnee der letzten Tage liegen geblieben ist, gehen Sie mit den Kindern in den Garten und zeichnen mit einem Stock einen Riesentannenbaum mit kurzem Stamm in den Schnee (ungefähr vier bis fünf Meter lang). Achten Sie darauf, dass die Linie durchgehend erkennbar ist und nicht unterbrochen wird. Stellen Sie dann den Korb mit den Tannenzapfen neben den gezeichneten Stamm. Falls kein Schnee liegt, können Sie den Tannenbaum auch mit Straßenmalkreide auf den Asphalt zeichnen oder mit Tannenzweigen legen.

Wir balancieren

Die Kinder stehen am Stamm. Erzählen Sie nun, dass Sie ein ganz besonderes Labyrinth vorbereitet haben und sehr gespannt sind, ob alle Kinder wieder zum Ausgangspunkt finden. Erklären Sie, dass die Kinder entlang der gezeichneten Linie laufen dürfen und jedes Kind einen Tannenzapfen zum Schmücken des Labyrinths mitnehmen darf. Die Tannenzapfen können beliebig auf die Linien gelegt werden. Achten Sie darauf, dass immer nur ein Kind durch das Labyrinth läuft und dabei nicht gestört wird.

Idee: Anna Neef

Fest der Weihnachtsmäuse

Fingerspiel

Alter: ab 1 Jahr
Dauer: 10 Minuten

Fünf kleine Mäuse laden dich ein,
Fünf Finger spreizen und die Hand leicht hin- und herdrehen.
Weihnachten zu feiern in ihrem Heim.
Mit beiden Händen ein Hausdach andeuten.

Bist du bereit?
Auf ein Kind zeigen.
Dann komm herein!
Mit einem Arm ein Kind herwinken.

Da ist ja schon Papa Maus,
Mit dem Daumen wackeln.
er bringt den Weihnachtsbaum ins Haus.
Mit den Händen ein Dreieck formen.

Und dort drüben ist Mama Maus,
Mit dem Zeigefinger wackeln.
sie packt die Weihnachtsbaumkugeln aus.
Eine Faust machen und hin- und herdrehen.
Sehen sie nicht wunderschön aus?
Die Hände seitlich öffnen und lächeln.

Prompt kommt schon Bruder Maus,

Mit dem Mittelfinger wackeln.

er hängt die Kugeln am Weihnachtsbaum auf.

Eine Faust machen und hin- und herdrehen.

Jetzt kommt auch die kleine Schwester Maus,

Mit dem Ringfinger wackeln.

sie holt die Weihnachtskekse aus dem Ofen raus.

Mmh, wie es duftet im ganzen Haus!

Mit dem Zeigefinger die Nase antippen
und schnuppern.

Da lacht die kleine Baby Maus

Mit dem kleinen Finger wackeln.

und isst hurtig alle Weihnachtskekse auf.

Den Bauch reiben.

Idee: Anna Neef

In dieser Reihe sind bereits erschienen:

Fingerspiele
ISBN: 978-3-96046-084-8

Streichelspiele & Massage-geschichten
ISBN: 978-3-96046-086-2

Mitmachgeschichten & Mitmachgedichte
ISBN: 978-3-96046-116-6

Spiellieder & Klang-geschichten
ISBN: 978-3-96046-117-3

Kreativ mit allen Sinnen
ISBN: 978-3-96046-152-4

Morgenkreis
ISBN: 978-3-96046-169-2

Natur erleben
ISBN: 978-3-96046-181-4

Lieder zum Mitmachen
ISBN: 978-3-96046-206-4

Unsere Lieblingsrezepte
ISBN: 978-3-96046-221-7

Klanggeschichten
ISBN: 978-3-96046-237-8

Rasselspiele und Glöckchenlieder
ISBN: 978-3-96046-251-4

Klett Kita